Wenn die Sehnsucht im Herzen brennt
Copyright by Luise Hope
All rights resaved 2009

Herstellung und Verlag

BoD - Books on Demand, Norderstedt
ISBN 978-3-7322-3982-2
Tel.+49(0)40-534335-0
Fax+49(0)40-534335-84
e-mail:info@bod.de
www.bod.de
www.luise11.jimdo.com

Das Werk einschließlich aller seiner Teile ist urheberrechtlich geschützt. Jede Verwertung außerhalb der engen Grenzen des Urhebergesetzes ist ohne Zustimmung des Verlages unzulässig und strafbar.
Das gilt insbesondere für Vervielfältigungen, Übersetzungen, Mikrofilmungen und die Einspeicherung und Verarbeitung in e elektronischen Systemen.

Wenn die Sehnsucht

im Herzen wohnt

von

Luise Hope

Wieder so ein Tag

*Heute ist wieder so ein Tag,
an dem mir die Sehnsucht,
nicht von der Seite weichen will.*

*Die Sonne strahlt vom blauen Himmel,
doch erfreuen, kann sie mich heute nicht.*

*Melodien aus Sehnsucht und Erinnerungen komponiert,
spielen in meinem Kopf,
mal ganz leis, dann wieder alles übertönend.*

*Wehmut drückt mir aufs Gemüt,
mein Lächeln.....verschwunden,
ist heut gar nicht erst erwacht.*

*Fliehe hin zu meinem geheimen Ort,
doch, kann ich heut keinen Frieden finden.
Einsamkeit und Traurigkeit stellen sich ihm in den Weg.*

*Die Traurigkeit, sie drückt so schwer,
Tränen laufen mir über die Wangen.*

........Weiß nicht mal genau warum......

*Stundenlang so sitz ich da,
der Wind zerrt an mir,
so, als wolle er mich davon tragen.*

*Könnt ich doch nur mit ihm ziehen,
entfliehen dieser Welt;
Nur für einen Augenblick,
eintauchen in Wärme und Licht.*

................Es gelingt mir nicht..................

*Lass mich gehen, lass mich fallen,
fallen in meine Dunkelheit.
Spüre die tiefe Traurigkeit,
die kein Ende nehmen will.............*

*Da ist noch etwas,
ein leises Gefühl, eine vage Ahnung...............
Zu weit weg, um es zu benennen................*

*Ist es wirklich "nur "meine Seele,
die da spricht und Tränen vergießt?*

Sonnenstrahlen

Die Sonne scheint,
die Vögel zwitschern,
begrüßen so den neuen Tag,
ist noch früh, erwacht erst grad.

Bin noch immer tief im Schlummer,
hab die Augen fest geschlossen,
sehe dich doch noch im Traum.
Streichelst zärtlich meine Wange......
erwärmst mein Herz mit deinem Lächeln......
wünscht es wäre wahr.

.....doch........

Sonnenstrahlen streichen warm über mein Gesicht,
erweckt den Geist, erweckt den Körper,
Lebensfreude fließt in mich hinein.....
beschwingt beginnt für mich der Tag...

So wie ich diese Sonnenstrahlen liebe,
so liebe ich auch Dich.....

Zusammensein

*Durch das Zusammen sein mit dir,
habe ich viele Dinge aus einer anderen Perspektive
gesehen,
ich habe Eigenschaften in mir entdeckt,
die lang verborgen waren.
Habe viel in uns gefunden,
sowohl Stärken, als auch Schwächen!!*

*Uns verbindet eine starke Seelenverwandtschaft,
eine tiefe Freundschaft!!*

*Doch manchmal glaube ich,
du bist ein Traum, eine Illusion........
der einmalig war,
an den man aber sein Leben lang,
immer wieder denken muss!!*

Die Hexe in ihr

*Ein nettes Wort, ein offenes Ohr,
ist jedem gewiss, der zu ihr spricht.*

*Ein Lächeln für jeden,
das kommt ihr vom Herzen,
hält es bereit zu jeder Zeit.*

*Das Lachen, das steckt ihr im Blut,
lauert in ihrem Blick,
immer für nen Ausbruch bereit.*

*Ihr Übermut, er steckt dich an,
wenn du nicht schnell genug das Weite suchst.
Fragst dich dann: "Hoffentlich geht das mal gut...?"*

*Sie schätzt viele Dinge, die du nicht mal siehst.
Genießt die Dinge des Leben, die sie liebt,
lebt sie ohne Verdruss, so wie es sich gibt.*

*Tanzt durch die Nacht, bis der Morgen erwacht,
flirtet zu gern, doch nur so zum Spaß.*

*Scheinbar sorglos, geht sie durch den Tag.
Mancher denkt....
Was macht sie bloß, was ist das nur,
wofür sie lebt?
So erreicht sie niemals viel.........*

*Doch bist du bereit,
ein Stück ihres Weges zu gehen........*

*So wirst du es spüren.........
Die unbändige Kraft, die in ihr wacht,
die Hoffnung und Liebe, die in ihr lacht,
den Respekt, all dem Leben,
die Geduld, mit der sie ihre Ziele erreicht.*

*Das Licht, was noch leuchtet,
in dunkelster Nach.*

*Wenn sie dich blicken lässt,
in ihr Herz hinein,
wirst du lernen zu verstehen,
was für sie" lieben" heißt.
Wirst ihre Traurigkeit sehen
in einsamen Stunden.
Ihren Kummer, ihr Leid,
den sie steht's trägt allein.*

*Das ist der Mensch,
den du vielleicht niemals siehst,
wenn du nicht mit dem Herzen siehst.*

Sehnsucht im Herzen

Sehnsucht im Herzen,
Sehnsucht nach etwas,
was ich nicht erreichen kann.
Sehnsucht, die nur Du stillen kannst,
doch du bist so weit fort.

Im Herzen und in Gedanken bist du bei mir.
Ja, aber mein Herz weint leise und still,
es verkriecht sich unter dem Mantel,
der Fröhlichkeit.
Es ist verschlossen,
nur du hast den Schlüssel dazu!!

Jemand sagte mir kürzlich beim tanzen-
"Du bist wie ein Schmetterling,
flatterst umher, bist schön anzusehen,
setzt dich nieder.
Doch will man dich berühren,
dir näher kommen......
flatterst du davon.

Du bist so fröhlich,
dein Lächeln verzaubert,
lädt zum flirten ein,
bringst auch mich zum lächeln.
Und doch bist du so unnahbar.

Ich wünschte es wäre anders ...

Meine Gedanken

*Meine Gedanken bei dir,
mein Sehnen gilt dir.*

*Der Stern meiner Liebe,
er wird nie vergehen,
er leuchtet für dich,
solange ich lebe.*

*Und wenn ich auch gehen muss,
von dieser Welt,
so wirst du es wissen.........*

*Dein Stern er wird leuchten
mit all seiner Kraft,
die Liebe währt ewig,
mit all ihrer Macht.*

Gedanken zu Lebensgewohnheiten

Misstrauen und Zweifel prägte stets mein
Leben............
Es lehrte mich in früher Kindheit,
mich niemals auf andere zu verlassen.
Verschloss mich für die Menschen dieser Welt,
lernte mit mir selbst allein zu sein.
Machte alles im Alleingang.

Damals war es eine Notwendigkeit,
um zu überleben......................
Doch irgendwann, wurde es mein Leben,
ein oftmals einsames Leben......

Irgendwann, stand ich vor der Entscheidung
zu vertrauen oder zu verlieren....

Es kostete mich viel Mut zu vertrauen,
ich erlebte so viele schöne Momente,
die mir niemand mehr nehmen kann.
Und obwohl ich später doch verlor
und am Boden zerstört lag,
so fand ich mit der Zeit etwas noch wertvolleres.

Mich Selbst..................

Ich entdeckte die Kraft und Stärke in mir,
all die Dinge zu tun, die ich tat.

Entdeckte eine Liebe,
die aus meinem Innern kommt.

*Hoffnung, die immer etwas findet
um den nächsten Tag zu erleben.
Ein Licht ,das leuchtet,
mal ganz hell und mal ganz schwach.*

*Zuversicht, die auch noch die guten Seiten
an unangenehmen Dingen/ Situationen sieht.
Lebensmut und Freude am Leben ,
so das ein Lächeln immer sichtbar ist.*

*Kraft und Mut, zu kämpfen,
für das, was mir wichtig ist.*

*Für meine Überzeugungen
gegen den Strom zu schwimmen,
auch wenn alle Anderen mit ihm ziehen.*

*All das wohnt in mir, in meinem Herzen,
in meiner Seele.*

*Ich hätte es nicht entdeckt,
hätte ich nicht den Mut gefunden,
mich zu öffnet................*

Nach all der Zeit

*Nach all der Zeit stehst du vor mir,
kaum zu glauben und doch ist es wahr.*

*Siehst mich an,
mit Fragen im Blick.
Kann dich gut verstehen,
hab ich doch selbst
so viele offene Fragen.*

*Gehst durch den Raum,
schaust dich um.
Beobachte dich,
Zärtlichkeit erfüllt mein sein.*

*Die Liebe, die im Verborgenen lebt,
rief: Lass mich raus,
lass mich zu ihm gehen,
dann wird die Sehnsucht in Erfüllung gehen.*

*Der Verstand riet dem Herz........
Halt sie fest, lass sie nicht gehen,
morgen wird er wieder gehen,
doch die Sehnsucht die wird bleiben
und dich in die Tränen treiben.*

*So beschloss das Herz:
Heute höre ich mal auf den Verstand.*

*Doch seine Worte und der Klang seiner Stimme,
die zärtlichen Blicke und seine Nähe,
unerwartete Küsse und seine Wärme,
machten es dem Herzen schwer,
es kämpfte von Stunde zu Stunde
immer mehr.*

Ein Satz, eine einzige Frage,
die nur der Wahrheit bedurfte,
öffnete ihm das Herz,
nicht weit,
nur einen kleinen Spalt.

Und das Herz hoffte,
das er nicht sah,
was es im Innern verbarg........

Stimme in der Nacht

*Dunkel und kalt,
liegen die Straßen der Stadt.
Eingehüllt im weißen Schleier der Nacht.*

*Gehe meinen Weg,
weiß nicht mal wohin ich gehe.*

*Sehnsucht greift nach meinem Herzen,
Traurigkeit überfällt meine Sinne.
Die Seele unruhig wie lang schon nicht mehr.
Höre deine zärtliche Stimme,
blicke mich um, doch die Straße bleibt leer.*

*Schaue zu den Sternen empor......
Darf ich es wagen?*

*Hebe die Hände beschwöre die Macht;
bitte um Kraft, zu finden den Einen,
der meinen Namen ruft,
in dieser einsamen Nacht.*

*Schicke Gedanken auf Reisen,
ihm zu sagen:
Du bist nicht allein,
meine Liebe ist ewig dein,
unser Band wird immer sein.*

Verzauber mich.........

*Nehm mich gefangen,
mit deinem Bick.*

*Lass mein Herz schneller schlagen,
durch dein Lächeln in diesem Blick.*

*Lass mich schweben,
durch deine zärtlichen Küsse.*

*Lass mein Herz in Liebe erblühen,
durch deine Wärme.*

*Lass meine Sinne vibrieren,
durch deine Nähe.*

*Lass meinen Geist in deinen Traum,
wenn die Sehnsucht nach meinem Herzen greift.*

*Lass mich ein in deine Welt,
sag mir.................*

Wo find ich dich bloß???

Fast ein Jahr

*Träume, lebendig in meinem Herzen,
versteckt in meiner Seele.......
Niemand sieht sie,
niemand kommt so nah an mich heran......*

*Ordne gerade mein Leben neu,
weiß noch nicht wohin es führt.
Genieße und liebe mein Leben,
so wie es ist,
spüre endlich die Freiheit in mir,
entdecke "Altes" wieder neu.*

*Treffe diesen Mann,
er tritt in mein Leben,
mein Schutzwall fährt nicht hoch,
sehe keine Gefahr in ihm.....
Er ist mir so vertraut,
als würde ich ihn schon ewig kennen.......*

*Lernen uns kennen,
durch ihn habe ich eine Menge Emotionen durchlebt,
schöne, sowie auch schmerzvolle.
Habe einiges über mich selbst gelernt
durch diese Erfahrungen.
Ich glaube Er ist es,
der mir gewisse Dinge zeigen konnte,
ohne es selbst zu ahnen.......*

*Fast ein Jahr ist es her,
das ich diesen Mann traf,
von allem was War ,
ist es die Freundschaft,
die Uns hält.......*

Gedanken reisen

Leise spricht er ihren Namen,
zärtlich sieht er sie an.
Berührt ihre Wange,
sieht ihr Lächeln, das Leuchten in ihrem Blick.
Berührt ihre Lippen, schließt die Augen,
erinnert sich.........
schmeckt noch ihren letzten Kuss,
hört ihr fröhliches Lachen,
die Wärme in ihrer Stimme.

Das Herz vor Sehnsucht schwer,
von Einsamkeit ergriffen...
so hält er das Bild in seinen Händen,
bittet im Stillen.....
Vergiss mich nicht mein Engel, mein Stern,
nie wieder werde ich dir so nahe sein,
doch meine Gedanken, mein Herz,
werden immer bei dir sein.

Unzählige Kilometer entfernt...........
Sie spürt ihn genau,
spürt seine Sehnsucht,
seine dunkle Einsamkeit.
Spürt, er ist im Herzen allein.
Schickt ihre Seele auf Reisen,
ihm zu zeigen ihr Sternenlicht.
Hofft ....Dass er es sieht.

Zauber in der Nacht

*Ihre Seele ruft seinen Namen,
in den unendlichen Raum.
Fühlt sich einsam und leer.
in dieser dunklen Nacht.*

*Ruft herbei, die Mächte des Himmels
und der Erde.
Bittet um Kraft, für diese eine Nacht.*

„Lasst mich reisen durch Raum und Zeit,

lasst mich mit ihm zusammen sein.

*Helft mir, die Pforten zu öffnen,
die Welt zu betreten,
in der unsre Träume sich finden,
lasst sie lebendig sein.*

....................*Ihr habt die Macht*................

*Die Zeiten sie schwinden, wie Tag und die Nacht,
vergönnt ist euch nur, diese eine Nacht,
die Reise wird enden, wenn der Morgen erwacht.*

*Schenkt euch die Liebe, die im Herzen tief wohnt,
spürt sie, mit all ihrer Macht,
so wird sie euch geben, die benötigte Kraft.*

Dinge gibt es, die sind wie sie sind

*Nehme dein Bild in die Hand,
schau dich an.
Wehmut macht sich breit,
erfüllt mein Herz mit Zärtlichkeit.*

*Die Liebe zu dir,
ich kann´s nicht verstehen,
sie geht nicht hinfort,
lebt an einem geheimen Ort.*

*Ich kann´s nicht begreifen,
was hält mich nur fest?*

*Ist es der Traum, den wir einst träumten?
Ist es die zärtliche Erinnerung,
an eine schöne Zeit?
Ist es dieses unsichtbare Band,
was unsere Seelen verbindet?*

*Ich weiß es nicht,
kann´s nicht benennen.*

*Dinge gibt es, die sind wie sie sind,
sie zu ergründen macht wenig Sinn.*

Für immer verloren

*Völlig verwirrt, stehe ich da,
schließe die Tür hinter dir.
Und wieder bist du fort............*

*Die Stunden mit dir ....
Ich dachte, sie berühren mich "so" nicht mehr.*

*Brauche ich doch nur meine Seele,
mein Herz zu verschließen.*

*Dann wird es schon klappen
und wenn du dann fort bist,
kann ich immer noch lachen.*

*Werde nichts von Sehnsucht spüren,
die mich fast verbrennt,
keine Seele die trauert
und in Tränen versinkt.*

*Kein Schmerz in meiner Brust,
weil du wieder fort bist,
für eine unbestimmte Zeit.*

............Falsch gedacht........

*Die Stunden mit dir,
so unbeschreiblich schön,
sie gaben mir das,
wovor ich mich am meisten fürchtete
und was ich doch am meisten ersehnte.*

*Deine zärtliche Stimme,
deine Nähe, deine Wärme,
deine Blicke, dein Lächeln,
unsere Gespräche,
all das, war mir so vertraut,
als wäre es erst gestern gewesen.*

*Nichts hat sich geändert in all der Zeit,
du hast es wieder geschafft
und wirst es immer tun.........*

*Mein Herz öffnete sich aufs Neue
ließ dich spüren,
„Ich liebe dich noch immer.."*

*Berührtest erneut meine Seele,
in Alt bekannter Weise..........*

Oder sprachen sie schon die ganze Zeit? ? ?

*Nun stehe ich hier, völlig verwirrt,
denke zurück mit einem Lächeln im Blick,
die Liebe und Hoffnung im Herzen
und ich weiß............*

*Es gibt kein Zurück,
bin für immer verloren, verloren an dich..........*

*Soviel Macht ist nur der "unsterblichen" Liebe
gegeben.........*

Gewittergedanken
Regen prasselt auf die Erde nieder,
der Wind zerrt an den Bäumen,
Donner grollt wütend durch die Luft,
Blitze erhellen die dunkle Nacht.

Bizarre, wunderschöne Gebilde ,
in diesem tobenden Sturm.
Bin gefesselt, fasziniert,
von diesem Schauspiel der Natur.

In dem einen Moment
gespenstische Stille,
im nächsten ein gewaltiges Getöse.

Die Natur ist erwacht,
mit all ihrer Kraft,
entfesselt ihre uralte Macht.

Wie unwichtig und klein,
scheint mir da mein eigenes Sein.

Schaue in die tobende Nacht,
mit den Gedanken bei dir,
die Liebe und Sehnsucht im Herzen.

Schaue in die Ferne,
zurück in eine Zeit,
die lange schon war.
Hinein, in eine Zeit,
die noch kommen wird.

Sehe UNS in Herzen und Seelen verbunden......
Hoffnung und Liebe wird immer sein.
Werde meine Kräfte nutzen um dir nahe zu sein,
doch niemals werden wir zusammen sein......

Hab geträumt

Stehst ganz nah bei mir,
schaust mich an,
bevor du mich in den Arme nimmst,
sehe ich die einsame Träne in deinem Blick

Mein Herz schlägt schneller.
Spüre, du willst mir was sagen,
doch deine Lippen bleiben stumm:
Schenken mir einen letzten,
zärtlichen Kuss.

Gedanken in meinem Geist.........

Mein Engel, mein Stern,
lass mich nie los,
auch wenn ich gehe,
so bleibt mein Herz bei dir.

Heut kann ich nicht anders entscheiden,
ich wünschte es würde anders sein,
doch das wäre nicht Ich......

Schmerz und Trauer erfassen mein Herz,
die Seele weint und kann's nicht verstehen.
Fragt nach dem "Warum"

....................Denkt............................

Wie könnt ich vergessen, was zwischen uns war?
Wie könnt ich vergessen, was heut noch besteht?
Wie könnt ich vergessen, was im Herzen mir brennt?

Du gingst fort

*Du gingst fort und ich dachte,
wie soll ich das nur schaffen.*

*Diese Liebe, dieser Schmerz,
die Sehnsucht und die Einsamkeit,
ein Wechselbad der Gefühle.*

*Du schicktest mich fort,
ich wollt so gern bleiben.*

*War verletzt und doch konnte ich´s verstehen.
Konnte nicht mal sauer sein.*

*Ich fand einen Weg, die Liebe zu bewahren,
ohne daran zu Grunde zu gehen
Denn die Liebe lässt sich leider nicht
so einfach wegschicken.*

*Und nach all der Zeit,
brennt die Sehnsucht immer noch heiß....*

Du warst und bist meine einzigartige Liebe.

Liebe stirbt nicht

Worte in Zorn und Eifersucht gesprochen,
verletzte Gefühle,
Kummer über den Verlust.
Kann es nicht fassen,
das es so endet.......
Tränen auf meinem Gesicht,
Traurigkeit breitet sich aus.

Doch die Liebe lebt.....
Sie wohnt tief in meinem Inneren,
geschützt von der Erinnerung
an die schönen gemeinsamen Stunden,
an unsere besondere Verbundenheit,
an das Gefühl was ich empfand,
wenn du mich ansahst,
an das Gefühl der Liebe,
wie es sie nur einmal im Leben gibt.

Ein kleines Licht

Es ist dunkel und kalt,
sitze versunken in Kummer und Leid.

Fühle die Sehnsucht,
die mich beschleicht,
weiß nicht mal warum ich wein.
Fühle die Einsamkeit, die ganz laut schreit.
Sehe die Nacht, mit ihrer dunkelsten Macht.

Doch plötzlich spüre ich ....

Mein Engel ist hier, ganz nah bei mir.
Kann ihn nicht sehen, ist noch ganz leis,
spüre die Traurigkeit in seinem Blick.

Spricht mit zärtlicher Stimme:

Ich denke an dich
und schenke dir ein kleines Licht.
Dein Stern ist da, du musst nur schauen
und das Lichtlein in dein Herz rein lassen.
Halt es fest und pflege es,
dann wird es bald zum Sonnenlicht.

Schau mich um und suche ihn,
will ihm sagen, bleib doch noch..........
doch kann ich nur das Lichtlein sehn,
nehm es in mein Herz hinein,
auf das es wird zum Sonnenschein..........

Die Sonne erwacht,
der Morgen lacht.

Die Schuh in der Hand,
auf Zehenspitzen
schleicht sie die Treppe hinauf.

Nur die andern nicht wecken.......
Doch jeder weiß ....
Es ist nur sie, kommt vom tanzen,
wie immer, am Sonntag in der Früh.

Die Nacht viel zu kurz,
die Musik wirklich gut.

Ein Lächeln huscht über ihr Gesicht,
bei dem Gedanken an Ihn.

Hofft, dass sie ihn irgend wann mal wieder sieht..........

In diesem Augenblick

Höre dieses Lied im Radio,
mein Herz schlägt schneller,
ein Gedanke schießt durch meinen Kopf.

Der Gedanke bist DU......
Erinnerungen,
aus einer besonderen Zeit,
stürmen auf mich ein, überrollen mich.
Kann mich nicht wappnen,
gegen diese Sehnsucht, diesen Schmerz.

Dacht ich hätt´s geschafft,
dich so weit weg zu schieben,
ein zu schließen in meinem Herzen,
das die Sehnsucht erträglich wird.

Doch gerade in diesem Moment,
schreit alles in mir deinen Namen.
Meine Seele, mein Herz,
kennt kein Halten mehr,
Tränen bahnen sich ihren Weg.

Schreibe diese Zeilen,
in der Hoffnung,
mich schnell wieder in den Griff zu bekommen,
scheiter kläglich bei diesem Versuch.

Ich weiß, sehen werden wir uns lange nicht,
deine Stimme hören werde ich nicht,
dir in die Augen sehen, kann ich nicht,
du bist nah und doch so fern...............

Oh, verdammt, gerade jetzt, in diesem Moment,
tut es so richtig weh.........................

Dein Stern

*Dein Stern in der Ferne,
er ist immer da.*

*Er wird dir leuchten,
bei Nacht und bei Tag.*

*Dich begleiten zu jeder Zeit.
Erinnere dich,
dann wirst du ihn sehen,
und dein Herz mit einem Lichtlein versehen.*

Träum mit mir

Er steht vor ihr, lächelt, reicht ihr die Hand,
bittet um Vertrauen.
Sie kennt ihn nicht, nur ein kleines,
wages Gefühl beschleicht sie,
bei seinem Blick............

Flüstert leise ihren Namen,
seine Gedanken in ihrem Kopf:

Lass mich ein in deine Welt,
sei mein Stern in dieser Nacht,
das ich nicht länger einsam wach.
Lass mich deine Wärme spüren,
dass die Kälte von mir weicht.

Die Sehnsucht im Herzen ,
sie trieb mich zu dir,
dich zu finden,
das viel mir nicht schwer.

Es sind nur die Träume in denen Wir leben,
drum bitt ich dich...........

      Träum mit mir

Diebstahl des Herzens

Bist so zärtlich,
bist so fröhlich;
streifst mein Leben,
wie ein Orkan.
Weckst die Seele…

Seit sie dich erblickte,
kommt sie nicht mehr zur Ruh.

Ziehst nun weiter in die Welt,
nimmst mein Herz mit,
hast es einfach eingesteckt.

Hoffentlich bringst du es
mir irgendwann mal wieder..

In liebevoller traurigen Erinnerung

*Ich sah dich und spürte,
deine Lebensfreude und deinen Humor.
Wir lernten uns ein wenig kennen und ich spürte,
das könnte eine echte Freundschaft werden.*

*Mit der Zeit entdeckten wir die Liebe zueinander,
diesen Zauber der Magie,
wenn zwei Seelen sich berühren
und sich im Anderen finden.*

*Dieser Zauber breitete sich aus,
bin getränkt von der Magie.
Gedanken beherrscht von deinem sein.
Liebe hat sich eingebrannt in meinem Herzen.*

*Wirst dort ewig sein,
in deinem kleinem Kämmerlein,
kommst nur raus, wenn ich bin allein.
Tränen der Sehnsucht, der Einsamkeit........
Bist mir dann so nah und doch so unendlich fern.*

*Engel sein gefällt mir sehr,
doch weiß ich nicht,
ob meine Flügel mich noch tragen.
Gibt der Mensch ihm doch die Kraft,
der ihn liebt und ihn in seiner Nähe weiß.*

*Hast ne Mauer hoch gezogen,
sperrst mich aus und das tut weh!!*

   Ein gefallener Engel

Doch du bist nicht mehr hier

*Leise, ruhige Musik erfüllt den Raum,
Kerzen leuchten im warmen Schein.
Gemütlichkeit und Wärme umgibt mich,
es ist mein privates Reich,
was nur wenige so zu sehen bekommen.*

Sitze in Erinnerungen versunken............

*Ich lud dich ein in mein Reich,
und merkte erst, als du zu mir kamst,
das mir vorher etwas fehlte.*

*Nun, da mir bewusst wurde,
was mir fehlte,
steigt meine Sehnsucht ins unermessliche,
meine Seele kommt nicht mehr zur Ruh,
meine Gedanken sind ständig bei dir.
Alles in mir schreit nach dir.........*

Denn du bist nicht mehr hier.........

Mein Herz wird dich finden

Engelchen, so nanntest du mich,
träumtest ....Gemeinsam schaffen wir so viel.
Geblieben ist davon nicht viel....
Erinnerungen an eine schöne Zeit,
Träume in einsamen Nächten.

Die Liebe zu halten,
das fiel dir so schwer.
Schicktest sie fort,
an einem einsamen, kalten, dunklen Ort.

Sie erfror fast,
in der Einsamkeit der Zeit.
Ertrank fast,
in Tränenmeeren,
die der Seele entsprangen.

Erhob sich mit einer unbändigen Kraft,
weil sie sah ,
das die Dunkelheit auch dich umschleicht
und mit eisigen Fingern nach dir greift.

Zweifeltest an meinem Wort,
konntest es kaum fassen,
als du sahst ....
Ich bin immer noch da,
nach all der Zeit.

Ich liebe dich auf ewig.
So sagte ich dir,
kann's nicht erklären
und auch nicht verstehen.

*Scheint die Dunkelheit auch undurchdringlich,
die Entfernung noch so groß,
meine Seele wird dich hören und finden
wenn du meinen Namen rufst.*

Was hab ich nur getan ?

*Ein Schatten im flimmernden Licht,
flüstert ganz leis:
"Was hab ich getan?"*

*Sie hat mich gefangen,
mit ihrem Blick .
Hat mich verzaubert,
mit ihrem Lächeln .
Gewärmt,
mit ihre offenen Art.
Ihre Liebe zu spüren,
das war wunderbar.*

*Unsere Herzen vereint,
in Liebe und Glück.
Die Seelen, sie tanzten ganz verzückt,
sponnen das Band wieder neu,
was schon so lang bestand.*

*Sie war mein Engel,
doch ließ ich sie gehen.
Übersah ihre Tränen,
ich wollt sie nicht sehen.*

*Schickte sie fort,
verbannte sie aus meinem Leben.*

*Dachte:
Mach dir keine Sorgen,
sie hat´s schon so oft geschafft,
so wird sie es auch dieses Mal schaffen.
Meine Ziele sind wichtig,
sie wird's schon verstehen.*

*Nun sehe ich hier,
mein Engelchen tanzen,
eingetaucht in den Rhythmus der Musik,
die Augen geschlossen,
ein Lächeln auf ihrem Gesicht.
Wer sie nicht kennt,
denkt, dass sie glücklich ist.*

*Spüre, wie ihre Seele nach meinem Herzen greift.
Sie spurt, ich bin ihr ganz nah,
öffnet die Augen und trifft meinen Blick.*

*Sehe die tiefe Traurigkeit, die Sehnsucht,
die grenzenlose Einsamkeit in ihrem Blick.
Umgeben von all den Menschen
und doch so allein.*

Tief getroffen frag ich mich.........

„Was habe ich getan?????"

Gibt es einen Weg zurück?

Meine Liebe

*Knisternde Flammen,
in tiefschwarzer Nacht.
Die Sterne sie leuchten
aus weiter Ferne.
Der Mond verhangen,
von düsteren Wolken.*

*Genieße die Ruhe,
die Stille der Nacht,
höre eine leise Stimme in mir.
Sie sagt mir:*

*Du liebst ihn so sehr
und doch weißt du,
es wird nie mehr sein,
wie es vorher mal war.*

*Er ist gegangen vor langer Zeit,
die Wege sie kreuzen von Zeit zu Zeit,
doch auf Dauer,
gibt es keine gemeinsame Zeit.*

*Drum halte sie fest,
im Herzen ganz still,
die Liebe währt ewig
in ihrem Versteck .
Sei dankbar für diese Zeit......*

*Erinnerungen schleichen heraus,
ein Lächeln huscht über mein Gesicht.
Träne in meinem Blick,
Tränen der Sehnsucht ,
die niemals vergeht.*

Wenn du willst

Gedanken kommen nicht zur Ruh.
Herz und Seele,
nennen dich beim Namen,
mit einer Liebe die nicht vergeht,
mit einer Sehnsucht die kein Ende findet
und mit der Hoffnung auf ein Morgen.

Sagen: Du fehlst mir so sehr........

Wenn du willst,
kannst du sie hören............

Wie kann das sein?

Wie kann es nur sein,
das die Liebe noch lebt?

Gingst von mir,
vor so langer Zeit.
Sagtest nur:
Du musst verstehen,
allein kann ich besser gehen.

Ich konnte es nicht glauben,
schwiegst für allzu lange Zeit.

Mein Herz rief nach dir,
bei Tag und bei Nacht.
Vor Sehnsucht ganz krank,
in Tränen versunken,
wollt nichts mehr hören
und konnt´s nicht verstehen.

Die Seele verschloss sich immer mehr,
zu schützen, was so kostbar erschien.
Sie wartet und trauert um dich,
denn sie sieht die Dunkelheit ,
die dich so oft umgibt.........

Manchmal hört sie dich,
wie du zärtlich ihren Namen sprichst,
kommt dann zu dir, um dir nahe zu sein.......

Sehnsucht erfüllt, die Liebe so stark,
Tränen im Blick, so kehrt sie zurück,
denn du findest keinen Weg zurück........

*Wie kann es nur sein,
das diese Liebe immer noch lebt
und dein Bitten um Nähe erhört?..........*

Genieße jede Sekunde

Ein Lächeln auf meinem Gesicht,
meine Gedanken, bei dir.

Ich liebe dein Lächeln,
das Funkeln in deinen Augen,
deine Küsse und Berührungen,
rauben mir den Atem.

Du bringst mich zum Lachen,
schmunzelst über unsinnige Dinge
die ich mache.

Glaubst nicht an Dinge,
für die ich lebe,
bist nicht mal frei für mich.

Und doch schlägt mein Herz
viel schneller in deiner Nähe,
es ist erfüllt mit Zärtlichkeit,
bei dem Gedanken an dich.

Ich weiß du willst es nicht,
das ich dich so sehr vermisse,
du weißt nicht,
das meine Liebe zu dir wächst.

Und es sollte auch so nicht sein.
Doch kann und will ich meinem
Herz nicht befehlen,
es weiß selbst was falsch oder richtig ist.
Drum genieße ich jede Sekunde mit dir,
denn die Nächste könnte,
die letzte sein................

Ich bin allein

*Regennasse Fahrbahn,
ein Fluss aus Tränen auf meinem Gesicht.
Düstere Stimmung, Einsamkeit;*

   -----grenzenlos-----

*Traurigkeit tief im Herzen,
keine Kraft mehr dagegen anzukämpfen.*

*Meine Stärke hat keinen Nährboden mehr,
er ist ausgedörrt.
Irre umher, fahre ziellos durch den Regen.
Finde keinen Ort,
an dem meine Einsamkeit ein Ende hat;
wo meine Traurigkeit verfliegt.*

*Mache mich auf den Weg
in eine andere Welt, in der Hoffnung,
dort zu finden, nach dem ich suche.
Sage:"Lebet wohl "*

*Doch auch diese Worte verhallen,
in der Leere des Raums*

*Stiller Abschied,
keine Gedanken an das Vergangene;*

*So verlasse ich diese Welt,
entschwebe dem Feste,
mit dem Bewusstsein......*

    Ich bin allein!!!

Zärtliche Erinnerung

*Abenddämmerung
die Luft vom Blütenduft erfüllt;
der Wind weht leise durch die Blätter,
sitze am Ufer des Flusses;
beobachte die Schiffe die vorüber ziehen,
Möwen stürzen sich kreischend aufs Wasser,
um im letzten Sonnenlicht noch einen Fisch zu ergattern.*

*Langsam wird es ruhiger,
das letzte Sonnenlicht schwindet,
der Tag geht schlafen,
die Nacht erwacht..........*

*Lege mich zurück,
bin gebettet im weichen, noch warmen Gras,
schaue zu den Sternen empor,
Ruhe umgibt mich, füllt mich aus..............
Eine Sternschnuppe fällt,
zaubert ein Lächeln auf mein Gesicht...........*

*Denke an dich, in zärtlicher Erinnerung,
denke an dein Lächeln,
was mein Herz höher schlagen ließ;
An die Zärtlichkeit in deiner Stimme,
wenn du mit mir sprachst;
An die Wärme und Geborgenheit,
die ich in deiner Nähe erfuhr;
An deine liebevollen Blicke,
die mich trafen, mitten ins Herz;*

*An die Liebe die wir teilten,
die in meinem Herzen wohnt;
An das unsichtbare Band,
was zwei Seelen verbindet, ein Leben lang.
Denke an unsere kurze Zeit zurück.........*

*Es sollte nicht sein,
wir zwei in Liebe vereint......................*

Was bleibt ist eine liebevolle Freundschaft.........

Hoffnung auf ein Morgen

*Ich liebe dich und du liebst mich,
doch fanden wir keinen Weg zum Glück.*

*Wir trafen uns,
erkannten unsere Freundschaft
unsere Liebe.*

*Sahen unsere Verbundenheit,
merkten schnell, da ist noch mehr.
Etwas, was man nicht in Worte fassen kann.*

Wir fanden UNS......

*Doch all das reichte nicht,
Du konntest den Weg nicht finden.....*

*Nun sitze ich hier allein........
Die Liebe im Herzen,
mit der Sehnsucht vereint,
so hofft sie,
auf ein Morgen.*

Herzgeflüster

*Du bist für mich,
die Sonne und Wärme
in meinem Herzen.*

*Du bist für mich,
Das immer währende Licht,
in meinem Herzen.*

*Du bist für mich,
ein Gedanke,
der ein Lächeln zaubert.*

*Du bist immer da,
in meinem Herzen.*

*Du bist für mich,
meine einzigartige Liebe.*

*Du bist mir so nah,
in meinem Herzen.*

*Manchmal droht mein Herz zu ertrinken..........
in Traurigkeit und Melancholie,
in Sehnsucht und Einsamkeit,
in Hilflosigkeit und Tränen.
Tränenflüsse entsprungen in den Tiefen meiner Seele,
unaufhaltsam, suchen sie sich ihren Weg....*

Denn du bist fort.................

Werden wir uns jemals wieder sehen?

Blütenduft liegt in der Luft,
Ruhe erfüllt mein Sein,
blicke zu den Sternen empor.
Frage Mich:
„Werden wir uns je wieder sehen?"

Dein Weg führte dich in die Ferne,
immer auf der Suche
nach einer neuen Herausforderung.
Alles hinter sich lassen,
das scheint so einfach,
doch was ist in den einsamen Stunden?

Denkst du dann nicht manchmal zurück,
an deine alte Heimat,
an das Glück, was du einst fandest,
gehen ließest für einen anderen Traum?

Träume muss man leben,
jedoch gibt man nur allzu oft
einen anderen dafür auf.
Warum können wir Menschen nicht einfach beides Leben,
vertrauen auf einen Freund,
der immer noch da ist,

*auch wenn man hunderte,
vielleicht tausende Kilometer entfernt ist?*

*Schließe die Augen,
richte den Blick in die Ferne,
wünsche mich zu dir,
dir zu sagen:
Ich vermisse dich sehr!*

*Mein Herz immer noch gefangen,
in zärtlicher, liebevoller Erinnerung.
Meine Gedanken,
meine Sehnsucht verweilen bei dir,
in Dankbarkeit für unseren gemeinsame Zeit.*

Leises Geflüster

*Leises Geflüster in der Nacht,
hast es wieder geschafft;
Hast dich eingeschlichen
in meinen Traum,
aufgeweckt ich glaub es kaum.*

*Liebe angesprochen,
die tief im Herzen wohnt;
Ganz leis mit Sehnsucht im Herzen,
nennst du mich beim Namen.*

*Reichst mir die Hand,
bittest mich mit dir zu gehen
und ich ergreife sie,
wie jedes Mal.........*

Nach Jahren das erste mal

Ein Lächeln auf den Lippen,
ein übermütiges Funkeln in ihrem
Blick.
Steht am Rande, beobachtet genau,
wer hier kommt und wer hier geht.

Sie sieht ihn von weitem,
seines Weges gehen.
Zärtlichkeit breitet sich aus,
wie immer, wenn sie an ihn denkt.

Beobachtet ihn,
denkt an die gemeinsame Zeit.
Überlegt, heute werd ich mich zeigen.........

Wird er erkennen,
wird er sehn, wer vor ihm steht?
Er weiß nicht, dass sie hier ist,
so weit weg von der Heimat.
Nur durch Zufall entdeckte sie ihn
und konnte es selbst kaum glauben.

Ob ihm vor Überraschung die Worte weg bleiben?
Bei diesem Gedanken, vertieft sich ihr Lächeln.

Ist es doch Jahre her,
dass sie von einander hörten.
Die Freunde von einst ,
werde sie es auch heute noch sein?

Letzte Eiszeit

Mir ist kalt, so entsetzlich kalt;
schlinge die Arme fest um mich,
will nicht weichen diese Eiseskälte,
kommt sie doch von Innen hoch;
lässt mein Herz zu Eis erstarren....

Stehe am Ufer,
sehe die Möwen überm Wasser kreisen,
Sonne scheint so hell und klar,
Kinder lachen auf der Wiese,
Wind weht leise durchs Geäst,
all das berührt mich gar nicht mehr.......

Die letzte Eiszeit ist angebrochen,
werde sie bestehen oder in Ihr untergehen.

Die Sehnsucht in meinem Blick,
niemand sieht sie, in ihrem Versteck.
Niemand ahnt,
für wen mein Herz denn nun schlägt,
vergessen für alle Zeit, so scheint es……..

Seinen Namen verbannt aus dem täglichen Leben.
Doch tief in mir, lebt die Liebe weiter,
meine Gedanken, immer wieder bei ihm ……

Hoffe er kann es spüren,
das Band, was uns einst Mals so stark verband.
Es ist immer noch da………….
Hoffe, er sieht seinen Stern
in der Dunkelheit leuchten……….

Die Sehnsucht lauert,
kommt heraus, zu den unmöglichsten Zeiten.
Ein Lied, eine Situation reichen schon aus
und ein schmerzliches Sehnen breitet sich aus.

Einsame Tränen machen sich auf den Weg…….
Mit der Zeit, werden auch diese Tränen vergehen
und nur noch ein wehmütiges Lächeln bleiben……..

Ein längst vergangener Traum

*Tränen auf meinem Gesicht,
ein längst vergangener Traum,
wieder aufgetaucht,
so unerwartet und real.*

*Ein Gefühl von Schmerz,
den ich längst besiegt glaubte;
Ein Sehnen, das es mir das Herz
aufs neue brechen will;
Meine Seele schreit freudig
und ängstlich zugleich ,
bei meinem Erkennen.*

*Er ist mir so nah,
atme seinen Duft,
sehe das Lächeln in seinem Blick.
Wenn ich die Hand ausstrecke,
könnte ich ihn berühren;*

*Lass es lieber,
halte mich zurück,
kann's nicht glauben,
möcht ihn noch ein wenig genießen,
diesen Traum.............*

*Wenn ich ihn berühre,
verschwindet er sicher wieder........
Wie so oft...........*

Ein Engel

Er sieht dich an
mit seinem strahlendem Lächeln,
bittet um Einlass in deine Welt.

Öffnest die Tür und lässt ihn hinein,
genießt diese Zeit des glücklich seins.

Du liebtest zu sehr und schicktest ihn fort,
wo er fast, in der Dunkelheit erfror.

Wolltest Freiheit für beide Seiten,
doch bedachtest du nicht.....

Die Liebe des Engels ,
ist die Magie seines Lebens........

Verschenkt er sein Herz,
so ist es auf ewig.

Berührt er dich tief,
so wirst du es spüren,
bis ans Ende deines Lebens.

Sterne am Himmel

Sterne am Himmel ,
ihr leuchtet mir hell,
geh meinen Weg zur Lichtung hin.

Zieh meinen Kreis,
entspann mich ganz leis.
Augen geschlossen,
dem Mond zugewandt.

Schau in die Ferne,
was will es mir bringen.
Sehe meine Träume,
sie scheinen so fern.

Aber sie sind,
an diesem besonderen Ort.

Verschwinden im Nebel
und warten auf mich.
Wie weit sie noch sind,
ich weiß es nicht.

Lächelnd, so heb ich meinen Kreis,
danke im stillen,
für diesen kleinen Blick.

Ich rufe dich

Ich rufe dich, doch hörst du mich nicht.
Unser Band, was schon so lang bestand,
getrennt .....???
Ich spüre dich nicht mehr,
ich kann´s nicht verstehen.
Unsere Freundschaft vergessen,
in einer anderen Welt.
Finde keinen Weg mehr zu dir,
kann nicht mehr reisen in deinen Traum.
Meine Seele weint, sie sehnt sich so sehr,
nach einer kleinen Berührung von dir.
Ist einsam und leidet ganz still.
Trauert um dich,
weil du fort gegangen bist.

Fragt sich:"Was ist nur geschehen??"

Trennung

Wochen vergingen, Monate zogen ins Land,
ich ahnte schon damals, wie es kommen würde.
Doch wollt ich´s nicht sehn ,
konnt´s ja selbst nicht verstehen..
Bittere Tränen,
geweint, in tief schwarzen Nächten;
Der Schmerz, er war heftig,
zerriss fast mein Herz.
Die Sehnsucht so stark,
sie fraß mich fast auf;
Erkannte im Stillen,
die Liebe lebt ewig,
im Herzen gebannt.

Texte geschrieben, in Liebe verfasst,
mit Sehnsucht behaftet, in Kummer getränkt.

So wie ich mich fühlte,
so schrieb ich die Texte,
hoffte du ließt sie und lernst zu verstehen.

Auch Liebe und Freundschaft,
kann auf Dauer bestehen.............

All diese Worte, sie waren für dich,
sollten dir sagen: Du fehlst mir noch sehr.

Du bist nicht mein Leben, das führ ich allein,
doch bist du darin, ein entscheidender Teil ....

Irgendwann

*Eisiger Wind durchstreift dir Straßen der Stadt,
fahles Mondlicht, gespenstische Stille.
Ruhelos ziehe ich durch die Nacht,
immer weiter ins Dunkle hinein.*

*Mutlosigkeit schreit so laut....
Tränen auf meinem Gesicht,
Verzweiflung und Schmerz in meinem Herzen.*

*Höre dein Flüstern aus weiter Ferne.......
Mein Liebling, mein Stern,
komm hinein in meine Welt.
Lass dich wärmen,
wie du es einst tatest.
Spüre meine Liebe,
so wie du sie mir schenktest.*

*Vergiss, die Sehnsucht,
die in uns brennt.
Vergiss, die Verzweiflung,
die dich umringt.*

*Heute werde ich es sein,
der dir schickt ein Sternenlicht.
Er trägt meine Liebe,
meine Gedanken zu dir,
wird dir sagen:
Im Herzen sind wir eins,
unsere Seelen verbunden,
glaube daran,
irgendwann sind wir wieder vereint.*

Die Liebe von einst

*Ich weiß nicht wo du bist
und doch bist du mir so nah.*

*Schließe die Augen,
sehe dein Lächeln,
höre deine zärtliche Stimme,
spüre deine Nähe............*

*Mein Herz flüstert leise deinen Namen,
meine Sehnsucht erwacht............*

*Ewigkeiten ist es her,
als unsere Wege sich trennten.
In den verschiedensten Momenten,
spüre ich immer wieder die Liebe von einst.
Tief in meinem Herzen ist sie zu Haus,
denn die Seele hält fest,
was so kostbar ihr ist .*

Irgendwann

*Ich höre deine Stimme
und weiß, es kann nicht sein.*

*Ich sehe dein Lächeln
und weiß, es kann nicht sein.*

*Ich spüre deine Nähe
und weiß, es kann nicht sein.*

*Ich spüre die Liebe
und weiß, irgendwann
wird es wieder sein.*

Lebenslang

Die Nacht ist schwarz, die Kälte lauert,
kriecht heran, im ständigen Bestreben,
mich zur Eiszeit zu bewegen.

Glaube, Liebe, Hoffnung, Zuversicht,
ziehen um mich ne hohe Mauer.
Schützen mich und wehren ab,
was andere haben einst verzapft.

Denk an dich mit leisem Bedauern,
könnt ich dich bloß mal wieder sehen.
Dir alles sagen, was ungesagt noch blieb.

Könnt ich,
nur einmal noch, in deine Augen sehen,
nur einmal noch, dein Lächeln erblicken,
nur einmal noch, deine Nähe spüren,
nur einmal noch, deiner zärtlichen Stimme lauschen,
nur einmal noch, das Kribbeln spüren,
nur einmal noch, deine Umarmung fühlen,
nur einmal noch, versinken in Geborgenheit,
nur einmal noch, deine Lippen schmecken.

Nur einmal noch.........*seufts*........

Sehne mich so sehr nach dir,
die Traurigkeit wird immer mehr.
Ruhe strahlt in meinem Herzen,
meine Stärke wächst von Tag zu Tag.

Erkenne:
Du bist es, der "uns" verlor!
Traurigkeit wird dich ergreifen............
wirst du erst begreifen.

Tief in meinem Herzen sitzt sie fest,
unsere Freundschaft, unsere Liebe,
wird dort immer sein.

Mein Leben lang........

..........So wird es sein..............

Wenn ich an dich denke

Wenn ich an dich denke,
wird mir warm ums Herz,
wenn ich dich zu sehr in den Vordergrund lasse,
macht sich die Sehnsucht breit.

___Sperre dich ganz schnell
   wieder in dein Kämmerlein___

Wenn ich aber von dir höre,
deine sms en lese,
zauberst du mir ein Lächeln auf die Lippen.
Manchmal muss ich sogar richtig herzhaft lachen,
dann geht es mir so richtig gut,
und deine wenigen Worte geben mir so viel,
wie du es dir wahrscheinlich gar nicht vorstellen kannst.
Es gibt nur sehr wenige Menschen,
die mich mit so wenigen Worten aufmuntern können.
Du bist einer davon.

Ich bin froh, dass es dich gibt und wünschte
es würde mehr von diesen Momente geben....

Es wird sein, wie es sein soll!!

Für diesen Augenblick

Wollt so gern von deinen Lippen kosten;
dich spüren, auf meiner Haut;

Zärtlichkeit geben,
die Wärme empfinden;
Die Liebe befreien,
die Einsamkeit vertreiben.

Versinken in einer anderen Welt,
getragen von Küssen,
bis mich nichts mehr hält.

Das Kribbeln im Bauch ,
ich kenn es so gut;
Du brennst mir im Herzen,
mit ewiger Glut.

Gefangen in Liebe und Schmerz ,
so steh ich vor dir............
Ich könnt es dir sagen,
doch bleibe ich stumm.

Du siehst mich nur an und
liest in meinen Augen...
Sie verrieten dir steht's,
was ich dir nicht sagte.

Dein Blick, ist wie eine zärtliche Berührung,
versinke in deinen Augen, schwimme in Erinnerungen;
deine zärtliche Stimme, lässt die Sehnsucht noch
wachsen;
dein Lächeln, lockt meine Liebe aus ihrem Versteck.
.................Der Schmerz ist besiegt................
.................für diesen Augenblick................

Reise in seinen Traum

Tief blauer Himmel,
die kleine Lichtung ,
vom Mondschein erhellt.

Sie sitzt im Schatten,
die Sterne, werden wachen,
über sie heute Nacht.

Die Augen geschlossen,
ihr Atem ganz ruhig.
Sie geht auf die Reise,
in eine andere Welt,
ihn zu besuchen
in seinem Traum.

Ihm zusagen:
Du warst meine Liebe
und wohnst mir im Herzen,
es sollte nicht sein,
drum geh ich meinen Weg allein.

Doch wird dein Stern ewig leuchten,
für dich ganz allein.
Du sollst wissen,
du bist niemals allein.

Ich werde nun gehen,
mein Weg ist noch weit.
Nur bitt ich dich,
vergiss mich nicht......

Eine einsame Träne auf ihrem Gesicht

*Er spürt sie im Traum,
lauscht in das Dunkle hinein,
Doch sie ist schon fort,
auf dem Weg
in ihre eigene Welt.*

Sitze hier wie so oft, höre leise Musik.
*Frage mich, wie geht es dir,
was machst du wohl,
gibt es dich überhaupt noch ?*

*Mein Herz ruft nach dir,
doch erreicht es dich nicht.
Machtlos stehe ich dem gegen über,
hoffe, dass es nicht geschah,
was ich einst in weiter Ferne sah.*

*Meine Seele erfüllt mit Traurigkeit,
weil ich dich mein Freund,
doch irgendwie verlor.*

*Dein Platz in meinem Herzen,
er ist leer..........
Du fehlst mir so sehr ....*

*In liebevoller Erinnerung,
denke ich an dich zurück,
an all die schönen Momente,
an dein Lächeln, deine Stimme.*

*Meine Gedanken sind bei dir,
wo immer du auch bist,
hoffe ....
Du kannst deinen Stern noch immer sehen.*

Die Sehnsucht

*Die Sehnsucht nach dir,
sie weicht nicht von mir.*

*Tag für Tag,
Nacht für Nacht,
lebt die Hoffnung in mir.
Sagt:
"Du schaffst das schon!"*

*Die Jahre vergehen,
ohne dass wir uns wieder sehen.
Erinnerungen, werden zu einem Traum.*

Der leise Gedanke ... War er wirklich wahr?

*Die Sehnsucht und Liebe in meinem Herzen,
sagen mir ....
Er war sehr lebendig
und ist immer noch da.*

Nach all der Zeit.....unglaublich aber wahr........

Konnt nicht mehr sagen......

*Dunkle Nacht,
erfüllt von magischer Kraft.
Sehnsucht erfülltes Sein,
wann wirst du wieder bei mir sein?*

*Ihre Reise beginnt,
wenn er sie beim Namen nennt.*

*Tief durch die Welten,
die keiner sonst sieht.
Die Liebe führt sie dort hin,
wo sie niemand mehr sieht.*

*Er steht vor ihr,
schmerzerfüllt, voll Trauer sein Herz.*

*Seine Gedanken ....
Mein Engel, mein Stern,
sah dein Leuchten in dunkelster Nacht,
nun schau ich mich um
und sehe nur die finstere Nacht.*

*Spürte die Kraft, die in dir lebte.
Spürte das Band, was uns so lang verband.*

Nun bist du fort ......

*Konnt nicht mehr sagen,
was du für mich warst.
Konnt nicht mehr sagen:
"Danke" dass du da gewesen bist."*

*Tränen auf seinem Gesicht,
Verzweiflung will nach seinem Herzen greifen.*

*Da spricht sie ganz leis,
in seine Gedanken hinein:*

*Auch wenn ich fort bin aus deiner Welt,
so bin ich doch noch immer bei dir.*

*Siehst du einen Sonnenstrahl
durch die Wolken blinzeln,
so könnte es mein Lächeln sein.*

*Hörst du das Rauschen der Blätter,
so könnte es mein Flüstern sein.*

*Spürst du die Wärme in deinem Herzen,
dann wird es meine Berührung sein.*

Jede Nacht

*Jede Nacht da lieg sie wach,
fühlt sein Herz ganz nah bei sich.
Jede Nacht spürt sie den gleichen Schmerz,
jede Nacht ein Tränenmeer.
Jede Nacht, sie hat die Macht,
jeder Nacht fehlt ihr die Kraft.*

Will doch nicht dass es so mit ihr endet.

*Jede Nacht da liegt sie wach,
fühlt sein Herz ganz nah bei sich.
Jede Nacht spürt sie es wieder,
Schmerz, Sehnsucht und Verdruss,
wann ist damit endlich Schluss.
Jeder Nacht spürt sie die dunkle Macht,
die ihr Herz verschlingen will,
entführen will, in die ewige Nacht.
Jeder Nacht spürt sie die Kraft,
die die Macht bekämpfen will.*

Will doch nicht, dass es so mit ihr endet.

*Jede Nacht da liegt sie wach,
fühlt sein Herz ganz nah bei sich.
Jede Nacht da liegt sie wach,
hat nun ihre eigne Kraft und Macht gefunden
Liebe, Hoffnung und Gelassenheit,
sind die größten Kräfte wohl im Leben,
die nur du, sie kannst dir geben.
Jede Nacht nimmt sie ihr Kissen,
kuschelt sich ins weiche Rot,
schläft mit einem Lächeln ein,
spürt, ihr Herz ist nicht nun mehr in Not.
Weiß sie doch, dass es nicht so endet.*

Irgendwann wird es sein.....

Der Mond scheint hell,
die Sterne klar.
Stehe am Ufer,
den Wald hinter mir.

Die verborgene Bucht,
vor Blicken mich schützend.
Ziehe meinen Kreis,
auf das er mich schützt,
solang ich auf Reisen bin.

Die Zeiten die schwinden,
verschwinden im unendlichen Raum.
Was gestern war, wird heute sein.
Was Heute ist, wird morgen sein.
Was morgen kommt,
ist lange schon Vergangenheit.

Weiß nicht wo und wann es ist.
Sehe dich mit der Liebe im Blick.
Spüre wir sind uns ganz nah.....
Keine Spur von Trauer und Schmerz,
nur das Gefühl ,von grenzenloser Zärtlichkeit.

Zwei Seelen, endlich in Liebe vereint.

Kehre zurück in meine Zeit,
ein Lächeln und eine Träne auf meinem Gesicht,

******weiß******

Irgendwann wird es sein.........

Ihr Herz bleibt unberührt

*Der Tag liegt grau in grau,
ihr Kopf scheint zu zerspringen,
Spuren einer durch tanzten Nacht.*

*Wieder ein neuer Flirt,
wieder ein Herz berührt.
Es ist ihre Art, ihre Lebensfreude,
die nach den Herzen greift.*

*Doch ihr Herz bleibt dabei unberührt,
verschlossen für alle Zeit.
Denn die Liebe darin wird ewig sein,
nur ...... ihn gibt es "so" nicht mehr .*

*Ließt oft die Zeilen,
die er ihr einst schrieb.
Tränen auf ihrem Gesicht,
nie gab es Jemand zuvor ,
der diese Worte ,diese "Berührung " ihr schenkte.*

*Offene Fragen in ihrem Geist....
Hoffnung ....Ja ....
Sie lebt in ihr,
doch wie lang wird sie diese Einsamkeit überstehen ?*

Stille

Stille, wohin ich auch geh,
warum ist mir so kalt
warum bin ich allein?

Möcht so gern Wärme spüren,
Liebe schenken, Zärtlichkeit empfinden,
Die Einsamkeit vertreiben.

Mein Herz erfroren in dieser Einsamkeit,
vor Kummer verstummt,
versunken in der Dunkelheit,
wo es niemand sieht............

Flammen der Sehnsucht entfacht,
in Nächten wie dieser,
heiße Tränen auf meiner Haut............

Die Erinnerung an eine längst vergangene Zeit,
einer Zeit, voller Zärtlichkeit und Wärme,
voller Lachen und Zuneigung.

Einer Zeit die mich lehrte ,
was es heiß, wirklich zu lieben,

..........bedingungslos...........

Die Nacht bricht herein,
lasse den Alltag hinter mir.
Gehe an einen Ort,
den niemand sonst sieht.
Lasse mich fallen,
befreie mich von dem,
was mich belastet.
Schöpfe neue Kraft,
meine Liebe, meine Hoffnung
erholen sich von den Endtäuschungen
des Lebens........

Gehe auf Reisen, die niemand je sieht.
Sehe Dinge, die irgendwann
vielleicht einmal geschehen.
Spüre, was in der Ferne liegt.
Fühle, was andere verschweigen.

Sehe auch dich in der Ferne stehen,
Ausgefüllt und glücklich, so scheint es.
Deine Frau an deiner Seite,
voller Zuneigung lächelt sie dich an.
Und doch,
spüre ich deine Einsamkeit,
eine Leere,
einen unbestimmten Schmerz,
eine Wehmut die dich umschleicht.
Frage mich, was ist nur geschehen?
Du solltest doch glücklich sein.

Mein Herz tut mir weh,
meine Seele trauert,
trauert um dich, bei diesem Blick.

Flüster in deine Gedanken hinein:
„Sieh in den Himmel,
in dunkelster Nacht,
suche deinen Stern und du wirst ihn finden.
Er kann dir den Weg weisen,
der jetzt vielleicht im Dunkeln liegt."

Ich überschreite die Grenzen,
berühre dich leicht,
schenke dir ein kleines Licht,
lass dich meine Liebe spüren
und gehe langsam meinen Weg zurück.

Ein letztes Mal blicke ich zurück

------sehe erstaunt--------

Dein Blick trifft den Meinen,
so als würdest du erkennen,
was gerade geschah.

Weil ich dich liebe

Ein Lächeln auf meinem Gesicht,
ein Kribbeln auf meiner Haut,
ein Glücksgefühl in meinem Herzen,
Zärtlichkeit in meinem Blick.
.........Weil ich dich liebe........

Die Sonne strahlt so hell wie nie,
die Nacht hat nicht mehr so viel Schatten,
erlebe das Gefühl der Geborgenheit,
erfahre die Berührung meiner Seele,
Nur durch dich;
.........Weil ich dich liebe.......

Du bist die Sonne und der Regen,
mein Denken und mein Fühlen,
bist mein Sehnen und mein Leben,
es wird dich immer geben;
.........Weil ich dich liebe...........

Doch wache ich allein in jeder Nacht,
weil du fort bist und keine Zeit für mich hast,
nur noch in meinem Herzen wohnst.........
so kann es keinen Anderen geben;

---------------Weil ich dich liebe------------
--------------------für immer----------------

Lass es nicht geschehen

Wer geht den Weg mit mir,
wenn du ihn nicht beschreiten willst?
Wer geht den Weg mit mir,
wenn du in eine andere Richtung gehst?
Wer geht den Weg mit mir,
wenn ich steh allein im Scherbenhaufen?
Wer geht den Weg mit mir,
wenn meine Augen blind vor Tränen sind?
Wer geht den Weg mit mir,
wenn mein Herz verstummt,
weil die Hoffnung stirbt?

Zerbrochen liegt es da, in kleinste Stücke,
auf dem Grund meiner Seele;
Vor Kummer ganz krank,
mir nichts mehr sagen kann.....

Lass es nicht geschehen,
denn mein Herz spricht nur aus Liebe zu dir....

Dein Lächeln, deine Augen,
das übermütige Funkeln darin,
deine spürbare Lebensfreude,
unsere Gespräche,
deine Zärtlichkeit,
all das liebe ich so sehr.

Ich liebe Dich

Der Stern, den ich dir schenkte

Sternenklarer Himmel,
schaue hinauf, in die dunkle Unendlichkeit.
Entdecke deinen Stern, den ich dir schenkte.
Denke an dich, wie so oft,
kann dich nicht vergessen,
will´s auch nicht.
Wünsche mir, dass du weißt,
dass er noch immer da ist;
Wünsche mir, dass du ihn immer sehen kannst;
Wünsche mir, dass du weißt,
dass er immer für dich strahlen wird;
Wünsche mir, dass du weißt,
das er dich immer begleitet und
dir sein Licht in dunklen Zeiten schenken wird;
Wünsche mir, dass du weißt,
dein Engelchen sitzt dort oben,
schaut herab und baumelt mit den Beinen.

Wünsche mir, das du es weißt...........

Grenzenlose Traurigkeit,
Liebe die nie vergeht,
Sehnsucht die auf Erfüllung wartet,
Träume die so wirklich sind....
Meine Liebe, sie geht so tief,
sie ist so stark verwurzelt in meinem Herzen.
Es tut nicht mehr weh
Aber ich empfinde eine grenzenlose Traurigkeit,
eine Hilflosigkeit, wie schon lang nicht mehr.
Du sperrst mich aus deinem Leben,
kann dich nicht erreichen,
ich weiß was ich will......
aber ich weiß nicht,
ob wir es je erreichen.........

Wohin mit meinen Gefühlen?

*Was mache ich nur,
wohin mit meinen Gefühlen?
Sperre ich sie weg,
lasse ich sie raus?
Ich bin allein, niemand da,
der mein Herz berührt;
niemand da, der mit mir spricht,
niemand da, der mich versteht;
niemand da, der mit mir lacht,
niemand da, der mir zuhört,
niemand da,
der mit mir die Einsamkeit vertreibt!!*

*Spüre langsam,
mein Herz versinkt in dem Sumpf der Einsamkeit,
es sinkt tiefer und tiefer,
in die Dunkelheit,
zieht meine Seele mit sich,
umschließt sie wie einen Mantel,
doch wird sie nicht gewärmt;
droht zu erfrieren im Morast der Gleichgültigkeit!*

*Strecke meine Hand aus, in der Hoffnung,
jemand wäre da, der sie umschließt;*

Doch ich greife ins Leere!!!

Ich liebe es,
in die Natur ein zu tauchen,
meinen Gedanken freien Lauf zu lassen .

Ich liebe es,
ungebunden von all den Zwängen der Gesellschaft
zu sein ,
über mein Leben selbst bestimmen zu können.

Ich liebe es,
wie die Sonne meine Haut erwärmt,
wie der Wind mich umweht,
wenn ich ganz still das sitze
und ein tauche in eine andere Welt.

Ich liebe es,
mich frei entfalten zu können,
weil niemand da ist,
der mich einschränkt.

Ich liebe meine Freiheit und Unabhängigkeit,
zu tun wonach mir gerade zu Mute ist.

Ich liebe es,
ich selbst zu sein.

Für viele Menschen sind es belanglose Dinge,
doch für mich heißt es,
glücklich zu sein.

So wie ich diese Dinge liebe,
so liebe ich auch dich,
auf eine ganz eigene Art und Weise .

Mein Freund in der Ferne

Mein Freund in der Ferne,
bist mir im Herzen so nah,
weilst in der Ferne und
doch ist's mir klar.

Der Weg den wir zusammen gingen,
er war nur sehr kurz,
nur ein Wimpernschlag,
in der großen Unendlichkeit.

Die Sterne sie leuchten in dunkler Nacht,
der Mond schaut auf uns herab.
Wir schauen zu ihnen empor,
in Sehnsucht versunken,
Gedanken an uns,
getrennt, wie mir scheint,
durch unendliche Welten.

Einst nahmst du meine Hand,
ließest sie wieder los,
dir fehlte der Mut.

Die Liebe und Hoffnung im Herzen,
lass sie nicht gehen,
sie werden es sein, die dir leuchten,
wenn du im Dunkeln stehst.

Die Liebe weint

*Leises Wimmern, verzweifeltes Schluchzen ......
Höre, lausche, wo kommt es her.
Sehe mich um, kann nichts erkennen.*

*Höre es kommt aus den Tiefen meiner Seele.
Meine Liebe ist es, die weint,
verkroch sich vor langer Zeit an einen dunklen Ort,
dort zu leben und vielleicht auch zu sterben.*

*Nun weint sie vor Kummer und Leid,
fühlt sich allein .
Allein in dieser dunklen, kalten Einsamkeit.*

*Sagt :"Er fehlt mir so sehr,
vermisse sein Lächeln, seine Stimme,
sehne mich so sehr nach seiner Nähe.....
Warum bin ich verbannt zu ewigem Leben?"*

*Sage:
"Du bist es, die die Kraft mir gibt,
an dunklen Tagen.
Du bist es, die mir ein Lächeln schenkt,
wenn die Erinnerung mich berührt
und die Tränen mir in den Augen brennen.
Du bist die Stärke,
die mich durch mein Leben führte.
Du bist es,
die mich die schönen Momente erkennen ließ.
Du bist die Kraft und die Stärke,
die auch ein Licht im Dunkeln sieht.
Du bist es,
die ich nie verlieren will.*

Denn was wäre das Leben ohne Liebe????

Was hast du nur mit mir gemacht?

Sehnsucht umschleicht mein Haus,
Liebe ist bei mir zuhause,
Erinnerungen trauen sich raus,
zärtliche Gedanken schweifen in die Ferne,
Melancholie sucht sich ihren Platz,
ist so oft bei mir zu Gast,
vereinen sich.....

Tuscheln, raunen leise in die Nacht,
liebe dich mit Leib und Seele,
kann nicht vor und nicht zurück,
was hast du nur mit mir gemacht??

Streifst so sanft und zärtlich durch mein Leben,
deine Spuren überall,
finde dich wohin ich geh.
Überall sehe ich dein Lächeln,
höre leise dein Geflüster,
spüre zärtlich deine Küsse.....
Träum am Tag und wache in der Nacht,
was hast du nur mit mir gemacht??

Herz ist warm und Seele lacht,
was hast du mit mir gemacht??

Sie geht verloren

*Verloren in tief schwarzer Nacht,
kein Stern will mehr leuchten,
für sie heute Nacht.*

*Hat gekämpft ihr Leben lang,
nie aufgegeben,
immer die Starke gewesen.*

*Die Hoffnung getragen,
in dunkelsten Zeiten;
Die Liebe bewahrt,
im Herzen steht's fest.*

*Geglaubt an die Menschen,
geholfen, bis sie selbst fast zerbrach.*

*Das Herz so manches Mal gebrochen,
doch hat sie´s geschafft,
immer wieder aufs Neue zu hoffen,
wieder zu lieben, mit all ihrer Kraft.*

*Das Herz nun gefangen in Liebe und Schmerz,
verloren in den Tiefen der Nacht.
Wer ist für sie heut, der Engel der Nacht?*

*Verloren im Nebel der Zeit,
verschwindet in zärtlicher Erinnerung,
zieht sich zurück, an einen einsamen Ort.*

Wird sie dort jemand finden............?

Eine leise Kindheitserinnerung

*Mit einer leisen Sehnsucht im Herzen ,
denke ich zurück.
Ich war noch sehr klein,
weiß nicht einmal deinen Namen.
Nur das Gefühl von Geborgenheit,
 was ich mit dir verbinde, ist geblieben.
Die Erinnerung an eine Zeit voller Einsamkeit,
du warst damals mein Retter in der Not.
Gabst mir Trost, hieltest mich fest,
wenn ich traurig war und vor Verzweiflung weinte.
Irgendwann warst du fort,
ich sah dich nie wieder aber die Erinnerung
ist geblieben und manchmal frage ich mich,
„Wo magst du wohl heute sein?"*

Ich bleibe stumm

*Der Verstand schickte dich fort,
mein Herz trauerte und doch,
ließ ich dich gehen.*

*Voller Sehnsucht nennt es deinen Namen
und doch, bleibe ich stumm.*

*Es sehnt sich so sehr nach deiner Nähe
und doch, bleibe ich stumm.*

*Wie gern würde ich dich wieder in meine Arme
  schießen,
das Lächeln in deinen Augen sehen
und doch, bleibe ich stumm.*

*Wie gern würde ich in deiner Nähe sein,
und doch, bleibe ich stumm.*

*Du konntest nicht mit dem Alten breche,
drum ließ ich dich los
und meine Stimme bleibt stumm.*

Der Weg den du gehst

*Der Weg den du gehst,
er ist voller Schatten und Nebel.
Einsamkeit besucht dich in den Nächten,
denkst zurück, erinnerst dich,
an Zeiten, in denen du glücklich warst.*

Fragst dich: Warum ließ ich sie so vorüber ziehen?

*Bist auf der ewigen Suche,
weißt selbst nicht wonach.
Aber es treibt dich weiter,
immer zu,
findest einfach keine Ruh.*

*Menschen kommen................
Menschen gehen..................*

*Irgendwann kommst du zur Ruh,
findest vielleicht, wonach du suchst
oder du stellst fest,
das du es längst gefunden hast,
doch erkanntest du es nicht.......*

*Ein Stern wird dich begleiten auf deinem Weg,
doch wird er der Einzige,
beständiger Begleiter sein.....*

Die Liebe ist

Die Liebe ist so wunderbar.
Sie belebt dich, stärkt dich, sie lebt in dir,
sie lebt durch dich,
sie lässt dich all die schönen Dinge sehen.
Sie gibt dir Kraft, schwere Zeiten zu überstehen.
Sie wird berührt von vielen Menschen,
von vielen Dingen.
Sie zeichnet dich aus, sie lässt dich fühlen.
Manchmal hast du das Glück,
sie als Geschenk zubekommen.
Gehe behutsam mit ihr um,
auch wenn sie so viel Kraft besitzt,
ist sie doch zerbrechlich.

Manchmal, wird sie dir genommen......................
Fühlst dich wie benommen,
ganz elend, das Herz will dir brechen,
bist am Boden zerstört,
gibst der Liebe die Schuld, das du leidest.
Schwörst ihr ab und verbannst sie aus deinem
Herzen.
Sie tut dir weh....das willst du nicht.

Nur .... ist es nicht die Liebe die verletzt!

*Sind es nicht eher die unerfüllten Träume,
die unerfüllten Erwartungen,
die unerfüllten Hoffnungen,
die unerfüllten Sehnsüchte,
die dir den Schmerz bereiten?*

Liebe ist das reinste und unschuldigste Gefühl, was es auf Erden gibt.......

Also gebe nicht ihr die Schuld an deinem Schmerz, das hat sie nicht verdient!

Abschied in der Nacht

*Sie fuhr die Strecke schon so oft,
wusste, irgendwann wird es hier geschehen.
Dass es so schnell passieren sollte,
konnte sie jedoch nicht sehen......*

*Kalte, schwarze Nacht,
Blut auf dem Mond,
Eiskristalle an den Bäumen hingen......*

*Nebelschwaden tauchten auf,
sah das Eis noch in der Ferne glitzern,
konnte`s jedoch nicht mehr verhindern.......*

*Als sie dann im Graben lag,
Helfer sie noch retten wollten,
machte sie sich auf den Weg,
wollte ihre Liebsten noch mal sehen,
sagen: lebet wohl, ich hab euch lieb,
ich werde immer bei euch sein.*

*Als die Zeit immer näher rückte,
besuchte sie auch Ihn im Traum,
sagte ihm: leb wohl mein Freund
und meine Liebe, ich muss jetzt gehen,
unsere Zeit ist nicht in diesem Leben,
bald wirst auch du verstehen...............*

*Ließ ihn noch einmal in ihr Herz rein blicken
und verließ für immer diese Welt.*

*Er weinte in dieser Nacht in seinen Traum,
spürte den Schmerz, die Trauer...
konnte es nicht recht verstehen......
Träumte er doch so oft von ihr,
doch niemals sagte sie leb wohl.........*

*Tage später erreichte ihn die Nachricht,
es traf ihn wie ein Schlag.........
Nun verstand er..............*

*Er hatte sie um Zeit gebeten,
die sie niemals besaß...............*

Ende einer Freundschaft

Die Nacht bricht herein,
traurige Gedanken in meinem Sein.
Kein Anruf, keine sms, kein Besuch,
seit Wochen kein Zeichen von dir.

Halte das Bild in der Hand,
frage mich: Warum muss das so sein?
Du wolltest mein Freund sein,
vielleicht auch noch mehr.
Ich war nicht bereit für ne Beziehung mit dir,
sagte es und doch bliebst du mein Freund.

Du lerntest mich kennen,
fandest toll so wie ich war.
Irgendwann jedoch, merkte ich,
du versuchst mich zu ändern nach deinem Plan.
Das wollte ich nicht, auf keinen Fall,
ich fand mich ok, so wie ich war.

Mit vielen Worten, mal hier, mal da,
zerstörtest du, was mir wirklich wichtig war.

Warum soll ich nicht bleiben was und wie ich bin?
Jemanden zu ändern ,
machte noch nie einen Sinn.
Verletzende Worte, sie trafen mich tief,
holte aus zum Gegenschlag,
er traf dich bestimmt ebenso tief.
Nun hat sich ein Tuch des Schweigens über uns
gelegt und ich vermag es nicht,
Den Freund zu vergessen.

Abschied in ein neues Leben

*Nun ist der Tag gekommen,
an dem ich Abschied nehmen muss.
Abschied von einem Leben in Sicherheit.
Ich will hier nicht weg und doch muss es sein,
denn gehe ich nicht,
so lass ich meine Schwestern im Stich.
Niemals wieder will ich erleben,
wie die" Großen", die Seele einer meiner
Schwestern zerbrechen.
Ich fürchte mich vor dem was kommt,
doch werde ich lernen zu kämpfen,
zu kämpfen, für die, die mich brauchen.
Mit Tränen im Blick, den Koffer in der Hand,
so gehe ich neben meiner Mutter durchs
Heimtor hinaus.
Schaue noch einmal zurück,
sehe all das,
was ich in diesem Augenblick verliere......*

Ein Traum

Aufgewacht aus einem bösen Traum,
sie weint und ruft nach ihm.
Seine leise Stimme beruhigt ihre Sinne,
seinen Arm um sie gelegt,
so wiegt er sie sanft in den Schlaf,
auf der Schwelle zur Traumwelt,
fällt es ihr wieder ein.
Angst will wieder nach ihr greifen,
sagt ihm:"Bitte lass uns nicht mehr allein,
geh nie wieder weg, wir brauche dich doch.......
Spürt die Tränen auf ihrem Gesicht
zärtlich wischt er sie weg, sagt:
„Alles wird gut, ich werde bei euch sein."
Drückt sie noch mal, hält sie ganz fest
und sie sinkt glücklich in einen ruhigen Schlaf.

Als sie am Morgen erwacht,
blinzelt sie verschlafen in die Sonne,
schaut sich irritiert um,
sieht ihre Schwestern in ihren Betten liegen,
hört die Erzieher einen guten Morgen wünschen.
Erstarrt sitzt sie in ihrem Bett,
ihr wird klar,
dieser Traum war wieder da …………

Tränen kullern über ihr Gesicht,
wütend wischt sie sie weg.
Wütend darüber,
dass sie nicht aufhören kann zu träumen.
Wütend darüber,
dass sie sich immer noch nach ihm sehnt.

*Wütend darüber,
dass sie ihn noch immer liebt.
Traurig darüber,
den Vater verloren zu haben*..................

Wütend darüber, machtlos zu sein ....

*Vertrauen ging verloren vor langer Zeit,
ihr Grundsatz,*

„Niemanden zu vertrauen"

wird sie begleiten, ihr Leben lang ....

Das Lachen verstummt

Sie war noch sehr klein,
fühlte sich verletzt und allein.
Konnte nicht sehn,
wie ihre Eltern zueinander stehen.

Sie weinte und jammerte sehr,
gebt uns ein wenig von eurer Zeit,
lasst uns alle zusammen sein.
Wollen auch nicht streiten und toben,
werden lieb und artig sein.

Es half alles nichts,
die Eltern waren fort ......
Sind gegangen ohne ein Wort,
überließen es Andern,
für die Kinder zu sorgen.

Die Eltern schon fast vergessen,
abgefunden mit der Situation,
eingelebt in ihr neues Heim,
schienen fast glücklich zu sein.

Da kamen sie wieder, die Eltern,
wollten erneut eine Familie sein.
Das kleine Mädchen, es freuten sich sehr,
dachte ...wie schön wird es sein,
wieder alle beisammen zu sein.

Doch das Glück, es währte nicht lang,
schon ein paar Monate später
zerbrach es erneut.

*Ihre neue wunderbare Welt,
zerbrach Stück für Stück.
Wieder brachte man sie fort,
riss die Schwestern auseinander.
Fünf von ihnen, das wollt Niemand..........*

*Dieses Mal jammerte und weinte sie nicht,
wusste sie doch, es würde nichts nützen.
Niemand würde sie hören,
niemand würde sie verstehen,
wenn sie flehend vor ihnen steht.........*

*So wurde aus dem einst fröhlichen, lustigen Kind,
ein stilles, ernstes, nachdenkliches Mädchen.
Das Lachen verschwunden, die Tränen verborgen,
verschloss sich für die Menschen diese Welt.*

Den Kummer, das Leid, trug sie von nun an allein ....

Eisengel

Still steht sie da,
das Lächeln gefrohren.
Schaut in die Gesichter,
sie sind ihr fremd.

Beobachtet aus dem Schatten heraus,
die Menschen im überfüllten Raum.
Das Herz steht still,
es will nichts sagen,
verstummt in dunkler Nacht,
weigert sich heraus zu schauen.

Sie gibt sich nen Ruck und
tritt aus dem Schatten,
taucht ein in die Menge.
Kein Gedränge, kein Geschubse,
Gassen tun sich auf,
Blicke folgen mit sichtlichem Interesse.

Tanzt eine Weile,
unter all den Menschen und doch allein.
Die Erinnerung ist mächtiger als je zuvor.
Sehnsucht lassen ihre Gedanken fliegen,
fliegen ,in eine längst vergangene Zeit.

Sehnsuchtsvoll spricht dann ihr Herz,
lass uns zurück ins Dunkle gehen,
lass uns fliehen in unsere Träume,
wo der Panzer aus Eis schwindet

und wir wieder glücklich sind.

"Eisengel besucht die Welt"
so denkt sie ....

Was hab ich mir da nur gedacht,
dacht ich wirklich,
ich könnts schon schaffen,
mich der Welt aufs neue öffnen......??

,

Zwei Menschen....

Zwei Menschen, weit voneinander entfernt;
spüren, da ist Jemand,
ohne es erklären zu können, wissen sie es.
Warten darauf,
den Menschen zu treffender eins mit ihm ist,
der sein Herz berührt, seine Seele erweckt!!

Sie treffen sich;
freunden sich anlernen sich kennen.
Ihre Herzen fliegen aufeinander zu,
ihre Seelen erkennen und öffnen sich,
um den anderen willkommen zu heißen.....

Tiefe Freundschaft verbindet sie,
wird sie niemals ganz trennen,
sich niemals ganz verlieren.......

Sie denken:"Schön das es dich gibt,
du bist mein Licht in der Nacht,
mein Sonnenschein im Regen,
weil ich weiß;
ich bin nicht mehr allein mit meinen Gedanken
und Gefühlen!"
"Du bist in meinem Herzen, in meiner Seele....
Es ist so kostbar, was wir haben,
Du bist kostbar!"

Die Einsamkeit hat ein Ende............
Glück, Freude, Hoffnung und Bestätigung,
Vertrauen, Toleranz, Verständnis und Geduld,
Lachen , Weinen ,Sehnsucht ,sowie
Schmerz und Verzweiflung........

*All das sind Eigenschaften und Gefühle,
die sie durchleben müssen,
um in ihre Einheit zu wachsen!!
Reden sie darüber,
so werden sie immer wieder zu einander finden........*

*Bin so froh, dass du es bist,
auf den ich warte.....!!!!*

Inhaltsverzeich

Wieder so ein Tag 3
Sonnenstrahlen 5
Zusammensein 6
Die Hexe in ihr 7
Sehnsucht im Herzen 9
Meine Gedanken 10
Gedanken zu Lebensgewohnheiten 11
Nach all der Zeit 13
Stimme in der Nacht 15
Verzauber mich 16
Fast ein Jahr 17
Gedanken reisen 18
Zauber in der Nacht 19
Dinge gibt es, die sind wie sie sind 20
Für immer verloren 21
Hab geträumt 24
Du gingst fort 25
Liebe stirbt nicht 26
Ein kleines Licht 27
Die Sonne erwacht, ... 28
In diesem Augenblick 29

Dein Stern 30

Träum mit mir 31

Diebstahl des Herzens 32

In liebevoller traurigen Erinnerung 33

Doch du bist nicht mehr hier 34

Mein Herz wird dich finden 35

Was hab ich nur getan 37

Meine Liebe 39

Wenn du willst 40

Wie kann das sein? 41

Ich bin allein 44

Zärtliche Erinnerung 45

Hoffnung auf ein Morgen 47

Herzgeflüster 48

Werden wir uns jemals wieder sehen? 49

Leises Geflüster 51

Nach Jahren das erste mal 52

Letzte Eiszeit 53

Die Sehnsucht in meinem Blick 54

Ein längst vergangener Traum 55

Ein Engel 56

Sterne am Himmel 57

Ich rufe dich ... 58

Trennung ... 59

Irgendwann ... 60

Die Liebe von einst ... 61

Irgendwann ... 62

Lebenslang ... 63

Erkenne: ... 64

Wenn ich an dich denke ... 65

Für diesen Augenblick ... 66

Reise in seinen Traum ... 67

Sitze hier wie so oft, höre leise Musik. ... 69

Die Sehnsucht ... 70

Konnt nicht mehr sagen... ... 71

Jede Nacht... ... 73

Irgendwann wird es sein... ... 74

Ihr Herz bleibt unberührt ... 75

Stille ... 76

Die Nacht bricht herein, ... 77

Weil ich dich liebe ... 79

Lass es nicht geschehen ... 80

Grenzenlose Traurigkeit, ... 81

Wohin mit meinen Gefühlen? ... 82

Ich liebe es, ... 83

Mein Freund in der Ferne 84
Die Liebe weint 85
Was hast du nur mit mir gemacht? 86
Sie geht verloren 87
Eine leise Kindheitserinnerung 88
Ich bleibe stumm 89
Der Weg den du gehst 90
Fragst dich: Warum ließ ich sie so vorüber ziehen? 90
Die Liebe ist 91
Abschied in der Nacht 93
Ende einer Freundschaft 95
Abschied in ein neues Leben 96
Ein Traum 97
Das Lachen verstummt 99
Eisengel 101
Zwei Menschen 103

Luise Hope

Weitere Bücher

Verborgene Gedanken
ISBN9783981181449

Zwanzig Jahre und doch wie gestern
ISBN9783839131558

Das vierte Buch ist in Arbeit, der Titel wird sein:

Diagnose Krebs
Sie beschreibt dort ihre eigenen Erfahrungen, die sie machte, da sie im August 2012 an Nierenkrebs erkrankte.
Weitere Informationen über sie bekommt ihr auf ihrer Homepage.

www.luisehope.jimdo.com